DISCOURS CHRÉTIEN,

PRONONCÉ A L'OCCASION

DE L'HORRIBLE ASSASSINAT

DU

DUC DE BERRI.

A PARIS.

Chez Adrien LECLERC, Imprimeur-Libraire de S. E. Monseigneur le Cardinal-Archevêque de Paris, quai des Augustins, n°. 55.

1820.

OBSERVATION DE L'ÉDITEUR.

L'HORRIBLE forfait qui vient de trancher les plus précieuses espérances de la monarchie, a porté le deuil et la consternation dans tous les cœurs ; cet immense attentat, cette perte irréparable est une conséquence naturelle des doctrines sacrilèges, des maximes impies, des principes antisociaux et désorganisateurs qu'on débite, qu'on colporte, qu'on affiche chaque jour avec emphase.

Ce Discours a été prononcé à la Cathédrale de Paris le dimanche 20 février à la messe paroissiale. Il parut faire une vive impression sur les Auditeurs ; on a pensé que la lecture pourrait en être utile aux jeunes gens, et à tous les amis de la religion et du Roi. Il est à regretter que l'Auteur, *M. Girod, vicaire de la Métropole,*

n'aît voulu communiquer à l'Éditeur
que la seconde partie de ce Discours,
si propre à nous faire connaître les
suites affreuses des doctrines révolu-
tionnaires, liberticides et impies.

Au désespérant scepticisme,
Leur vain système nous conduit,
Et de l'erreur qui nous séduit
Le terme affreux est l'athéisme.
O Dieux ! dont la pompe des cieux
Proclame partout l'existence,
Le cœur de l'homme vertueux
Ferme en sa foi, fier d'espérance ;
Oui, ce cœur aimant qui te craint
Comme un bon fils craint un bon père,
Avec l'astre de la lumière
Atteste Dieu trois fois saint.
Ce Dieu seul mérite mon culte ;
Ce Dieu seul devient mon appui,
Quand les passions en tumulte
Troublent l'ordre établi par lui.
Malheur aux nations usées,
Qu'endoctrinent de faux docteurs !
Malheur aux âmes abusées
Par l'audace des zélateurs !
La morale n'a plus d'étoile ;
L'aveugle vaisseau de l'État
Sous un ciel que l'orage voile,
Sombre, ou se brise avec éclat.

DISCOURS CHRÉTIEN,

PRONONCÉ A L'OCCASION

DE L'HORRIBLE ASSASSINAT

DU

DUC DE BERRI.

———

Accepi librum.... Devorari illum, et erat in ore meo, tanquam mel dulce, et cum devorassem cum, amaricatus est venter meus.

Je pris le livre.... Je le dévorai : il était doux dans ma bouche comme du miel, mais il me causa de l'amertume dans les entrailles.
Apocalipse, chap. X, v. 10.

———

La France fut ébranlée dans ses fondemens, dès qu'elle fut inondée d'un déluge de doctrines impies, dès qu'on s'avisa d'égarer les esprits, de corrompre les cœurs, et d'arracher du front des rois l'empreinte sacrée de la suprême majesté. La France fut menacée d'une révolution telle que nous l'avons vue, du moment que la religion devint l'objet des plaisanteries publiques, que la morale fut souillée, outragée par des peintures lascives, et que le souverain ne fut plus regardé que comme le premier comis de la nation. On mit alors en problêmes toutes les vertus, on introduisit parmi ce scepticisme présomptueux cette barbarie savante qui conduit à des égaremens pires que l'ignorance. Ce sont ces doctrines impies qui inspirèrent le mépris de tout ce que le temps, l'expérience et la saine philosophie avait consacré, préparant ainsi l'anarchie politique par l'anarchie de l'esprit ; ce sont ces doctrines impies qui exterminèrent toutes les vertus en matérialisant les âmes, et n'y laissant que l'égoïsme. Elles se présentent quelquefois avec toute la magie du style, avec tous les charmes de l'éloquence ; je le sais, je l'avoue ; *elles sont douces au palais, mais elles déchirent les entrailles.* Que ne puis-je réveiller aujourd'hui votre sollicitude, en vous montrant les sources et les effets de ces affreuses doctrines qui empoisonnent tant d'âmes ! Puissent mes faibles réflexions, accompagnées du secours de l'esprit divin, produire en vous quelques heureux effets !

DEUXIÈME PARTIE.

Nous avons toujours placé, à la tête des calamités pupliques, les doctrines irréligieuses, les opinions liberticides, les extravagances monstrueuses et sacrilèges du philosophisme moderne, parce que la naissance n'a point de lustre qu'elles ne ternissent, l'éducation n'a point d'empreinte qu'elles n'effacent, le cœur n'a point de semence de vice qu'elles ne développent, l'état propre n'a point de dignité qu'elles ne blessent, la pudeur n'a point de barrière qu'elles ne franchissent, la société n'a point de nœud qu'elles ne rompent, l'amitié n'a point de loi qu'elles ne violent, la religion n'a rien de sacré qu'elles ne profanent, la conscience n'a point de cri qu'elles n'étouffent, la raison n'a point de lumière qu'elles n'obscurcissent, la probité n'a point de sentiment qu'elles n'éteignent, la nature n'a point de droit qu'elles n'immolent, le ciel n'a point de foudre qu'elles ne bravent. Aujourd'hui non-seulement nous sommes inondés d'un débordement de brochures, de libelles, de pamphlets, de caricatures honteuses ; mais dans ces brochures et dans ces libelles, on trouve à chaque pas des maximes impies : jusque dans un livre d'arts , de sciences, jusque dans une histoire, dans un poëme, dans un voyage, l'impiété dépose son venin ; on en respire la contagion sans s'y attendre , sans en être prévenu, sans y être préparé. Presque tous les ouvrages du dix-huitième siècle portent sa livrée, sont marqués de son sceau. C'est un hommage que la lâcheté s'est empressée de payer à l'incrédulité triomphante. Là se trouvent des maximes destructives de tout ordre , réunies à des peintures lascives : doublement ministres du mal, ces docteurs orgueilleux, qui se parent du beau nom de philosophes, se disent les précepteurs des peuples , et regardent les monarques comme leurs disciples. Par un mélange aussi affreux que ridicule, ils ne rougissent pas de placer à côté de leurs maximes pompeuses et de leurs déclamations ampoulées, les tableaux les plus licentieux. C'est ainsi qu'ils jettent dans le cœur de l'homme deux semences de mort à la fois.

Qui ne frémirait à la seule idée de tant de dangers ? Ces dangers, je sais, seraient moins nombreux, si tous ceux qui entendent débiter ces maximes impies, ou qui les lisent, étaient capables de les apprécier. Oui, si la droiture du cœur, la solidité du jugement, la maturité, la sûreté du goût, une connaissance approfondie de nos écritures étaient le partage du grand nombre, loin de craindre les ouvrages où on les étale avec pompe, nous oserions les conseiller. Les inconséquences, les contradictions, les faussetés, les maximes pernicieuses qu'ils renferment, sont ce qu'il y a de plus propre à repousser un esprit bien fait, à dévoiler la vanité, l'impuissance de leurs auteurs, et l'on ne peut rien lire de plus fort, de plus persuasif contre eux que leurs propres écrits ; mais un tel remède convient à peu de personnes : il est peu fait surtout pour la jeunesse dont l'imagination mobile reçoit une trop vive impression du ridicule, à qui impose naturellement un ton décisif et emphatique. Il est peu d'hommes à cet égard qui ne soient pas enfans ! D'ailleurs, l'effet de ces ouvrages n'est pas seulement d'embarrasser la raison par des sophismes et d'obscurcir l'instinct moral ; ils séduisent encore le cœur. Hélas ! il n'est que trop vrai qu'en arrachant, du cœur de l'homme, le principe de toutes les vertus, de toutes les consolations, ils bouleversent la société. Leurs auteurs s'annoncent comme des libérateurs ; ils viennent rompre nos fers, rendre à la raison, à la nature leurs droits méconnus ; ils nous disent : *Vous êtes des dieux ;* ils flattent l'orgueil de cette raison qu'ils exaltent ; ils flattent ce goût secret que nous avons surtout dans la jeunesse, pour les idées libérales et hardies ; ils flattent les passions qu'ils savent parer de belles couleurs et transformer en penchans légitimes et naturels ; ils flattent le cœur dans lequel ils insinuent l'espoir de l'impunité, qu'ils affranchissent du frein gênant du devoir. Ils sont *doux au palais ;* mais ce sont eux, ce sont eux surtout qui dessèchent, qui *brûlent les entrailles !* .....

O Dieu, sans la protection, sans l'amour duquel nous ne pouvons vivre ! vous qui ne *pouvez retirer votre souffle sans que vos créatures défaillent !* Seigneur, à qui nous appartenons comme à notre créateur, au maître de nos destinées, et qui daignâtes nous unir à vous par les liens les plus intimes et les plus tendres ! ils brisent ces liens puissans et doux ; ils nous séparent de vous ; ils séparent l'homme de son Dieu, de son Sauveur ; ils lui cachent cet avenir dont la perspective radieuse animait son courage ; ils voilent cette Providence maternelle, qui veille sur son sort et le porte dans ses bras. Lors même que, retenus par un respect involontaire, ils n'osent détrôner ce grand Etre qui régit l'univers,

lors même qu'ils daignent le reconnaître encore; quel est donc ce Dieu qu'ils nous laissent?
Un vain simulacre, indifférent pour l'ordre,
indifférent pour ses créatures, qui ne se rend
point témoignage, qui ne nous donne ni protection, ni lois, ni espoir; tel que ces idoles
muettes dont parle le prophète : *il a des yeux
sans voir, et des oreilles sans entendre.* Ce
Dieu n'est plus que conjecture; l'homme peut
se le figurer à son gré, le former à son image,
le faire sortir de son cerveau aussi ridicule et
aussi mal partagé que le dieu de la fable; mais
toujours sous les traits les plus commodes à
ses passions. Il ne tient plus à lui par aucun
sentiment, aucun rapport, aucun devoir; par
degrés il le perd de vue, il en vient à le re-
jetter. Dès lors que devient l'homme, que devient la vie? Les vertus semblables à des rayons
séparés de leur centre n'offrent plus que débris;
les idées morales perdent leur fondement,
leur sanction; les sentimens heureux perdent
ce caractère céleste et touchant que leur donnait la pensée du Dieu qui les imprime dans
notre âme; les relations les plus douces ne
sont plus qu'un rapprochement du hasard,
de l'instinct, de l'intérêt; l'amitié n'est plus
qu'une affaire de convenance, de calcul; la
compassion, un mouvement machinal, une

faiblesse; la pudeur, une fausse honte; l'amour de la patrie, une chimère; le respect filial, la conscience elle-même, une habitude d'enfance, un préjugé. Tout est désenchanté pour l'homme, car c'était la pensée de Dieu, c'était la pensée de Dieu et de l'immortalité, secrètement associée à ses affections, qui faisait leur charme et leur puissance. Infortuné! qui avez abandonné la foi, en vous séparant de votre Dieu, vous vous êtes séparé de toutes les créatures; vous êtes seul sur la terre. Pour vous la nature est morte, elle est sans âme et sans langage; le monde n'est plus qu'un désert, où, sous des apparences flatteuses, votre âme flétrie sent partout l'affreux néant qui la repousse, il ne reste plus dans l'univers que le *moi*, auquel il est juste et naturel de tout immoler, pour le faire jouir, le distraire, l'amuser du moins en attendant que le néant l'engloutisse. Voilà le fruit des doctrines impies. Voilà où conduisent les leçons de ces hommes qui, pour acquérir une célébrité malheureuse, ne craignent pas de nous ravir tout ce qui fait le prix de la vie.

Français chrétiens! je le sens, tout ce que je puis vous dire sur les doctrines irréligieuses, est trop faible, au-dessous de la vérité; mais si je pouvais, au lieu de froids raisonnemens, si je pouvais, vous présenter le tableau des faits qui attestent le danger des maximes impies ; si, tirant le rideau qui vous cache les plaies de la société, je pouvais vous dévoiler l'histoire secrète des familles ; si je vous montrais un père, un époux détaché peu à peu de ce qui l'entoure, des objets qui devaient lui être les plus chers, les sacrifiant à ses propres jouissances, et pensant ne leur plus devoir des soins qui coûteraient son repos ou ses plaisirs ; là, un jeune homme encouragé à secouer le joug de l'autorité paternelle, à suivre la voix des passions, sans craindre d'affliger des parens auxquels on lui a prouvé qu'il ne doit point de reconnaissance, ailleurs une épouse, une mère apprenant à regarder comme de vains scrupules la fidélité aux devoirs les plus saints, partout enfin où furent semés ces principes désastreux, le désordre, le trouble, les divisions domestiques, des cœurs livrés au désespoir et peut-être à l'affreux suicide, le crime de notre siècle..... vous reculeriez saisis de douleur et d'effroi ! Mais s'il ne nous est pas permis de suivre ce feu dévastateur dans ses routes souteraines, n'avons-nous pas vu son explosion ? N'avons-nous pas été ébranlés par les secousses de ce volcan qui portait au loin la mort et la terreur ? L'Europe entière n'a-t elle pas cru toucher au moment de sa ruine? Déplorable effet de la corruption des principes, poussée au dernier terme par les doctrines irréligieuses. Vainement l'incrédulité voudrait aujourd'hui se laver de cette honte. Telle fut la suite de ses opinions destructives et leurs conséquences rigoureuses. Plusieurs de ses apôtres ont osé s'en applaudir d'avance. *La lumière*, disait le plus célèbre d'entre eux (car dans leur délire ils appellent les ténèbres lumière, et la lumière ténèbres), *la lumière se répand de proche en proche. On éclatera à la première occasion : les jeunes gens verront de belles choses.*

O Dieu! quand je porte ma pensée sur ces terribles événemens dont nous fûmes les témoins et que préparèrent des doctrines impies, il me semble voir l'explication de ces paroles de l'apocalipse : *Ce livre était doux au palais, mais il me causa une vive douleur dans les entrailles.*

Pères et mères! c'est à vous surtout qu'il appartient de préserver vos enfans de la contagion des doctrines impies. Après les considérations que nous vous avons présentées, après les tableaux que nous vous avons offerts, des instances outrageraient votre tendresse. Mais gardez-vous de penser, qu'arrivés au terme de l'adolescence, à cette époque où l'enfant semble se changer en homme, vos fils puissent tout lire et tout entendre. Ce n'est pas au moment que la liqueur s'enfle et bouillonne qu'il faut attiser le feu; ce n'est pas quand le fleuve élève ses vagues qu'il faut arracher les digues. N'attendez pas le tems de crise pour les prévenir sur le danger des doctrines impies.

Jeunes gens! c'est vous maintenant que je conjure au nom de vos intérêts présens et éternels; c'est vous que je conjure de ne pas courir à votre perte, d'avoir pitié de vous-mêmes. Vous êtes l'espoir de la patrie; vous êtes plus précieux encore aux yeux de la religion...... Arrêtez-vous donc, arrêtez-vous, ô vous qui courez dans cette affreuse carrière ! C'est vous qu'il m'ordonne de chercher, c'est pour vous qu'il a mis dans ma bouche ces paroles que je vous adresse. J'ai espéré que peut-être quelqu'un de ces jeunes infortunés se trouverait dans le sanctuaire, que le Seigneur bénirait les exhortations et les accompagnerait de l'onction de son esprit.... Frémissez donc à la vue du précipice où vous allez tomber. N'empoisonnez pas votre existence à peine commencée; hélas! la plupart d'entre nous sont déjà flétris par la main du tems. et l'empreinte des peines de la vie. Mais vous, votre destinée est encore entière ; dans quelque situation que vous soyez placés, avec un corps sain, une âme saine, un esprit animé des espérances religieuses, et la bénédiction du Seigneur, vous pouvez vous promettre un avenir fortuné. Ah ! respectez-la donc cette âme pure que le Créateur vous confia, et qu'il se plut à parer d'heureuses facultés ; voudriez-vous, dès vos premières années, donner au tentateur, sur cette belle âme, une honteuse prise qu'il conserverait, malgré vous peut-être, dont vous ne pourriez vous affranchir même aux jours de la vieillesse ? Voudriez-vous porter à celui, ou à celle à qui vous lierez votre sort, une imagination souillée, un cœur corrompu, une âme dégradée et incapable de goûter les plaisirs purs et un attachement vertueux ? Voudriez-vous la perdre, cette âme immortelle ? Voudriez-vous entendre un jour cette voix redoutable, cette voix terrible : *Malheureux serviteur, qu'as-tu fait du talent que je t'avais confié ?* Grand Dieu ! quel tableau que celui d'un jeune homme déjà corrompu à l'âge de l'innocence ; d'un jeune homme qui est son propre séducteur, qui, même avant de connaître les pures jouissances de la vie, se rend inhabile à les goûter, et fait périr dans leur germe ses plus précieuses facultés. Hélas ! il se réalise parmi nous, cet affreux tableau, il se réalise dans toutes les classes.

Dieu tout puissant ! dans quel siècle vivons-nous ? La religion a-t-elle jamais couru tant de risques ? Aux persécutions sanglantes en a succédé une plus dangereuse, parce qu'elle le paraît moins. La paix a été donné à l'Eglise, mais non pas aux fidèles. Le Démon n'a pas cessé de combattre, il n'a fait que changer d'armes. Dans les jours d'anarchie, lion terrible, il frappait l'air de ses rugissemens. Dans les jours d'un calme apparent, serpent timide, il rampe sous les fleurs. Il ne menace plus, mais il flatte; il ne présente plus des glaives, mais du poison. Alors, il avait recours à la violence ; il s'efforçait, par l'appareil des supplices, d'effrayer les defenseurs intrépides de la foi; et, contre son attente, il peuplait la terre de chrétiens et le ciel de martyrs. Il tâchait d'extirper la religion, en massacrant les prêtres, en brisant les autels, en démolissant les églises ; mais la charité plus industrieuse que la tyrannie, leur ouvrait des issues secrètes jusques dans les entrailles de la terre. Tout était temple pour des cœurs si purs ; et la religion, quoique destituée de la pompe auguste de ses cérémonies, était d'autant plus majestueuse qu'elle était plus intérieure , et d'autant plus féconde qu'elle était plus combattue.

De nos jours, il se sert de la voie de la séduction, la force lui avait trop mal réussi. Il ne commande pas le crime , il le pare, il l'embellit, il l'insinue, il le persuade , il l'enseigne d'une manière efficace , il séduit la raison , il parle aux sens ; il ne trouble pas les exercices de la religion , il se contente d'élever autel contre autel ; Dieu a son culte , il a le sien. Aux ministres évangeliques, dont les lèvres sont dépositaires de la vérité sainte, il oppose ces docteurs intrépides de l'irréligion , assis sur la chaise empestée du mensonge, de la révolte et de la sédition. Aux saintes cérémonies de l'Eglise, il oppose ces théâtres enchanteurs, où l'on parodie ce que la vertu a de plus respectable ; où tout est illusion pour l'esprit, où tout est poison pour le cœur. A ces livres édifians, qui ne respirent que la piété, la charité, le bon ordre et la paix , il oppose ces carricatures hideuses, ces écrits infâmes, ces pamphlets, ces brochures impies , où l'on échauffe les têtes par de grands mots de souveraineté du peuple, d'indépendance universelle, systèmes brillans, théories abstraites souvent foudroyées par l'expérience, et toujours renouvelées par la mauvaise foi.

Qu'arrive-t-il de ce mélange sacrilège? La chaîne des crimes se renoue et semble vouloir nous conduire à un renversement général. Ce que la cruauté des tyrans n'avait pu faire, la séduction, l'impiété le consomme chaque jour. La religion est encore sur les autels de France, mais est-elle bien dans les mœurs des Français? On se dit encore chrétien, mais il y a peu de christianisme. Hélas! nous n'avons cessé de vous annoncer tous ces malheurs, et de vous en montrer le principe. Sentinelles vigilantes, du haut de la montagne, nous avons sonné l'alarme à la première découverte de l'ennemi. Au moment que la philosophie moderne, après avoir long-temps préparé son poison, vous offrit en souriant la coupe de l'impiété, et que vous y portâtes avidement les mains, nous vous criâmes : arrêtez! qu'allez-vous faire? loin de vos lèvres cette coupe empoisonnée, vous buvez la mort; tout est perdu, religion, mœurs, état. Vous ne regardiez alors nos prophéties que comme l'exagération d'un zèle outré. Nous-mêmes, nous ne comptions pas qu'elles fussent sitôt accomplies; nous ne comptions pas en voir de nos jours, sous nos yeux, des preuves aussi hideuses. Mais à mesure que l'irréligion s'est répandue, le crime lève sa tête altière ; il s'est hâté dans sa course, et il semble n'avoir désormais d'autres bornes que son impuissance.

Oui, c'est l'irréligion, ce sont les doctrines impies qui viennent d'armer le bras d'un parricide, et qui ont répandu le deuil, la consternation, la désolation dans notre patrie. Cruels apôtres de l'irréligion, prédicateurs de l'impiété, de l'athéisme, oseriez-vous, pourriez-vous encore nier ces affreuses vérités ? Le voile funèbre qui vient de couvrir la France, n'est-il pas le fruit de ces maximes détestables que l'enfer semble avoir déchaînées parmi nous ? de ces doctrines impies qui, tombant quelquefois dans des esprits féroces et bornés, finissent par le plus horrible attentat, après avoir commencé par le délire ? Si vous osiez le nier, écoutez les horribles blasphèmes de votre adepte, de votre élève ! *Dieu n'est qu'un mot*, a dit ce malheureux à ceux qui l'ont interrogé ; le disciple se montre digne de ses maîtres. La Providence éternelle pouvait-elle vous mettre en vue, ni de plus près, ni plus fortement.

Je le répéterai donc, ce sont les doctrines impies qui ont armé le bras du parricide ; épouvantable catastrophe qui déchire tous les cœurs français, tous les amis de l'ordre, de la paix, de la religion et de la légitimité. La France est consternée! Jamais affliction ne fut plus vive et plus générale. La nation présente l'aspect touchant d'une grande famille qui déplore la perte d'un fils, en qui reposaient ses espérances. O Dieu! que nous prépare votre éternelle justice. Est-ce que les temps de confusion ne sont pas accomplis? Est-ce que vous ne nous avez pas encore assez punis, par effet d'aveuglement? Nous ravissez-vous un prince chéri, pour nous châtier encore de la mort du Roi martyr? Quoi qu'il en soit, grand Dieu! soyez sensible à nos maux, à nos sanglots et à nos larmes! nos larmes! ah! c'est le seul tribut que nous puissions payer aujourd'hui à cette famille vénérable par ses vertus, ses bienfaits plus encore que par son rang. Oh! le déchirant spectacle que celui d'une jeune princesse, s'élançant sur le corps sanglant de la victime, invoquant le ciel pour la conservation des jours d'un époux, le couvrant de ses larmes, recueillant ses dernières paroles et son dernier soupir! O jour d'éternelle douleur, où la famille royale se voit privé d'un illustre héritier et entoure son lit de mort! Qu'on se figure, s'il se peut, un père au désespoir, voyant s'éteindre la vie d'un fils chéri; un frère, serrant la main d'un frère déjà glacée par la mort; un enfant au berceau, qui reçoit le dernier baiser de son père; une autre princesse, l'ange tutélaire de la France, prosternée contre terre, tendant les mains vers le ciel....; une princesse dont les incommensurables douleurs sont données à ce monde, en témoignage des joies d'un autre monde, puisqu'elle y trouvera des récompenses qui pourront égaler ses sacrifices; enfin, un Roi chargé de douleurs, et dont la carrière fut troublée de tant d'orages, dont le cœur fut déchiré par tant d'infortunes, arraché du lit où il sommeillait, pour entendre le récit d'un crime atroce, et quittant sa royale demeure pour venir fermer les yeux du dernier de ses enfans! Jamais tant de malheurs réunis ne furent donnés en spectacle à la terre. Jamais tant d'émotions diverses ne virent provoquer nos pleurs. O! mes princes, qui refusera de pleurer pour vous? était-ce donc pour subir des infortunes nouvelles que vous vîntes reprendre votre place, et vous dévouer au bonheur public? Nous croyions la fureur lassée par trente ans de désastres, et voilà qu'elle se réveille pour se nourrir du sang d'un Bourbon!

Interprète de la douleur générale, il a été difficile de faire trève aux sentimens qui nous accablent, en attendant que l'éloquence des orateurs chrétiens vienne vous dépeindre toute l'élévation de l'âme du prince que nous pleurons, toute la bonté de son caractère, toute l'étendue de son courage, toute la sincérité de ses sentimens religieux, sentimens si profonds qu'il n'a semblé ranimer ses forces défaillantes que pour implorer plusieurs fois le pardon, que pour demander qu'on laissât la vie à celui qui lui donnait la mort.

Un prince, dépositaire de l'avenir de la monarchie, un des plus beaux fleurons de la couronne des lys, est frappé; sa vie devait s'éteindre sous le coup le plus assuré qui soit jamais parti de la main d'un meurtrier. Mais Dieu, encore miséricordieux pour la victime et pour la France, retient cette âme captive dans ce corps expirant; il veut qu'épurée par un douloureux sacrifice, par des souffrances expiatoires, elle arrive sans tache devant lui, après avoir purifié son âme dans la piscine salutaire, par la confession publique de ses fautes, par la réception des sacremens. Il veut que son agonie, toute héroïque, toute royale, toute chrétienne, soit donnée en spectacle à la France, pour rendre notre admiration plus vive, nos regrets plus cuisans, nos souvenirs plus durables, et ranimer par le sentiment de la douleur notre enthousiasme pour nos princes. Oui, le cercueil du duc de Berri devient un autel, devant lequel doit se rallumer le feu sacré de notre amour pour la religion, pour la patrie, pour la légitimité du souverain.

Pour nous, Messieurs, qu'un si grand attentat a glacés d'horreur et d'effroi, malheur à nous, s'il ne fait que nous étourdir quelques instans, s'il ne nous dégoûte pas à jamais de ces doctrines irréligieuses qui enfantent d'aussi grands forfaits. Ah! si ma faible voix pouvait se faire entendre de quelques-uns de ces insensés qui les conçoivent avec tant de facilité, qui les débitent avec tant d'audace, qui les colportent avec tant d'ardeur, je leur dirais: mes frères, car cette religion que vous blasphémiez nous défend d'oublier que vous êtes nos frères; mes chers frères, songez donc que vous n'êtes que l'écho de ces païens d'autrefois. Tout ce que vous déblaterez contre cette foi si vénérable, ne fût-ce que par son ancienneté, les païens l'ont dit avant vous, et ils furent puissamment réfutés; et malgré leurs clameurs, leurs calomnies, leurs satires, que vous répétez, cette foi s'accrut toujours. Arrosée du sang des martyrs, elle a provigné par toute la terre. Prétendez-vous l'arracher

aujourd'hui ? le maître de la vigne ne le souf-
frira pas. Eh ! pourquoi l'arracher ? c'est
cruauté envers nous, c'est fureur contre vous-
même. Laissez-nous une foi qui fait tout notre
espoir ; qui, par ses promesses, nous rend
supportables les maux de cette vie ; qui, par
ses menaces, nous garantit des écueils où nous
entraîneraient des passions effrénées ; qui nous
retient dans le devoir, nous interdit tous les
vices, nous porte à toutes les vertus, et, par
le sacrifice de quelques faux plaisirs, nous
donne la paix en ce monde, et nous promet
un bonheur infini dans l'autre. Ne nous l'ar-
rachez pas cette foi ? Et d'où vient tant de
systèmes, de déclamations, de libelles, qui
ne tendent qu'à la décrier ? Si vous la jugez
méprisable, au moins n'a-t-elle pas méritée
votre haine. Vous vous dites les esprits forts ;
il vous est honorable de ménager les faibles,
nous consentons à passer pour tels. Nous pré-
férons une imbécilité religieuse à une supério-
rité impie. Nous serons des imbéciles avec les
Athanases, les Basiles, les Grégoires, les
Chrisostômes ; avec les Ciprien, les Léon, les
Ambroises, les Augustins, les Jérômes ; vous
serez les forts avec les Lucrèces et les Épicu-
res. Nous serons des imbéciles avec les Bour-
daloues, les Massillons, les Bossuets ; vous

serez forts avec les Voltaire et les Rousseau.

Mais que gagneriez-vous à nous l'arracher cette foi ? c'est travailler contre vous-même. Laissez-nous croire une religion qui nous enjoint de vous aimer, de vous supporter, de tout souffrir de votre part, sans nous venger jamais. Laissez-nous révérer un évangile qui recommande l'intégrité à vos épouses, la pudeur à vos filles, l'obéissance à vos enfans, la fidélité à vos serviteurs, la vérité, l'équité, la charité à tous. Laissez-nous craindre un enfer éternel qui fera notre partage, si nous avions le malheur de vous rendre le mal pour le mal, si nous ne pardonnons jusqu'à vos fureurs ; et si tombant sous vos coups, nous ne demandons grâce pour vous, comme le prince dont nous pleurons la mort. Vous n'entendez ni vos intérêts ni ceux de la société ; sans cesse vous réclamez les droits de la patrie, de l'humanité, vous en êtes les meurtriers ; vous sapez le plus solide appui des mœurs publiques ; vous renversez la plus forte digue contre la licence ; vous ôtez à toutes les vertus leur sauve-garde, à tous les vices leur barrière, au paisible citoyen le rempart de toute la tranquillité ; jugez-en par l'effet. Depuis que vos nouveaux dogmes se propagent, s'accréditent, les excès les plus monstrueux se multiplient; le débordement grossit chaque jour. Amis des hommes et de l'humanité ! vous ! ah ! si vous l'étiez, loin de chercher à éteindre la foi, vous nous aideriez à la faire revivre; et vous verriez renaître parmi nous autant de calme qu'on y voit de trouble, autant de paix et d'union qu'on y voit de désordres et d'attentats ; et convaincus par cet heureux essai, vous reviendriez à cette foi, vous rentreriez sous son joug aimable.

Grand Dieu ! soutenez nos espérances, c'est presque le seul bien qui nous reste. Donnez à notre foi un surcroît de force pour redoubler l'ardeur de nos vœux; ces vœux, mon Dieu, sont si dignes de vos regards! le salut de tout ce grand royaume y est attaché : le retour de la religion qui s'éteint, et des mœurs qui périssent. Exhaussez des vœux d'où dépend la félicité de notre auguste Monarque et de son peuple. Ce Monarque, dont toutes les qualités personnelles sollicitent votre grâce, la bonté, la douceur, l'équité, la clémence. De tout temps, ô mon Dieu, ce furent là les plus puissantes dispositions pour attirer vos regards; sauvez-le, sauvez-nous. Les plus grandes miséricordes, Seigneur, ce sont elles que nous réclamons; nous ne cesserons de les implorer, de les espérer, de les

attendre jusqu'à ce que leur accomplissement
fasse couler de nos yeux des larmes de la plus
pure et de la plus tendre joie; et que, voyant
votre peuple, à la suite de son auguste chef,
marcher d'un pas égal dans la voie qui conduit à la vie, nous n'ayons plus qu'à vous
rendre, pour le temps, d'immortelles actions
de grâces, et pour l'éternité que de désirer
d'en partager avec lui la gloire où nous ap
pelle le Père, le Fils et le Saint-Esprit.

On a cru faire plaisir au lecteur de joindre à cet opuscule quelques notes qui out assez de rapport au sujet.

Louis XVI, visitant le cabinet des archives de Malte, dit, en voyant les œuvres de Voltaire et de Rousseau : *Ces deux hommes ont perdu la France*

Supposons, dans une chaire de Paris, un orateur élevé à l'école des impies du temps, qui débite devant un peuple nombreux cette singulière doctrine : écoutez, et soyez attentifs. Les souverains sont incapables d'aimer, de connaître et de récompenser la vertu, leur science est d'être injuste à la faveur des lois, leur art consiste à opprimer la terre; ce sont des barbares sédentaires, des animaux pour lesquels ceux qui défendent la patrie ont la folie de se faire égorger; c'est eux qu'il faut punir personnellement, et non pas les troupes qui dévastent les campagnes, le peuple seul est souverain; tel homme qu'il plaira au peuple de mettre sur le trône, en jouira

à plus juste titre que celui qui l'occupe ;
les rois ne sont que les premiers commis
des peuples. Si cet orateur, après avoir
débité toutes ces horreurs, et tant d'autres qu'on trouve dans Voltaire et dans ses
disciples, s'il trouvait des auditeurs dociles,
je dirais à votre majesté, ô mon Roi ! trem-
blez pour votre trône ; craignez qu'une main
téméraire, enhardie par ses discours séditieux,
ne vous enlève la couronne de dessus la tête ;
craignez encore..... Mais, que dis-je ? la religion que vous protégez tient un autre langage à vos sujets : Mes enfans, leur dit elle,
la puissance de votre prince vient de Dieu,
de qui émane tout pouvoir ; qui résiste aux
puissances, résiste à l'ordre de Dieu même ;
vous devez leur obéir, non-seulement par
crainte, mais encore par devoir. Rendez à
César ce qui appartient à César, et à Dieu
ce qui appartient à Dieu. Soyez donc soumis
au Roi, comme dominant sur tous, et à ses
ministres comme étant envoyés par lui pour
protéger le bien et punir le mal, parce que
tel est l'ordre de la Providence. C'est par de
telles leçons, ô mon Roi ! que la religion
établit votre trône dans la conscience de vos
sujets.

Remèdes pour l'âme : voilà le beau titre qu'un roi d'Egypte avait placé sur le frontispice de sa bibliothèque. Il conviendrait sans doute à des livres bien choisis ; mais, hélas ! combien de ceux de nos jours seraient mieux désignés par celui de poisons ! et ces poisons, il se trouveraient des hommes assez inconsidérés pour les confier à de jeunes imprudens qui ne sont point sur leurs gardes ; qui n'en connaissent point le danger. Ils frémiraient sans doute de vendre un breuvage mortel ; ils ne voudraient, pour aucun prix, donner à un infortuné, lassé des orages et des amertumes de la vie, les moyens de s'en affranchir par un crime ; et ils ne craindraient pas de tuer l'âme, de se charger d'une responsabilité terrible ! Ah ! plutôt, nous les en conjurons, et nous osons l'espérer, ils s'efforceront de diriger le choix incertain des jeunes gens qui s'adressent à eux, de les déterminer pour des ouvrages utiles et instructifs, du moins qui ne soient pas nuisibles. L'honnêteté de cette conduite, jointe à un esprit, à un jugement éclairé, indispensable en cette profession, l'honnêteté de cette conduite (indépendamment de la bénédiction du Seigneur qu'elle fera descendre sur leur maison) les servira mieux qu'une facilité coupable.

Dès long-temps, les pasteurs, les magistrats, les princes sonnèrent l'alarme, lors même que les doctrines impies ne se montraient encore que par lambeaux. Le clergé de France parlait déjà ainsi en 1765 : Une multitude d'écrivains téméraires ont foulé aux pieds les lois divines et humaines; les vérités les plus saintes ont été obscurcies, et les principes de la monarchie ébranlés ; rien n'a été respecté, ni dans l'ordre civil, ni dans l'ordre spirituel.

La manie du belle esprit a fait de l'irréligion le ton du jour et le langage à la mode. Écoutons ce que disait M. d'Aguesseau, chancelier de France :

Penser peu, parler de tout, ne douter de rien, n'habiter que les dehors de son âme et ne cultiver que la superficie de son esprit, s'exprimer heureusement, avoir un tour d'imagination agréable, une conversation légère et délicate, et savoir plaire sans se faire estimer; être né avec le talent d'une conception prompte, et se croire par là au-dessus de la réflexion, voler d'objets en objets sans en approfondir aucun, cueillir rapidement toutes les fleurs, et ne donner jamais aux fruits le temps de parvenir à leur maturité, c'est une faible peinture de ce qu'il a plu à notre siècle d'honorer du nom d'esprit.

Je consultai les philosophes, dit Rousseau; je feuilletai leurs livres. J'examinai leurs diverses opinions, je les trouvai tous fiers affirmatifs, dogmatiques mêmes dans leur septicisme prétendu, n'ignorant rien, ne prouvant rien, se mocquant les uns des autres; et ce point, commun à tous, me parut le seul sur lequel ils ont toujours raison. Triomphant quand ils attaquent, ils sont sans vigueur en se défendant; si vous pesez les raisons, ils n'en ont que pour détruire. Si vous comptez les voix, chacun est réduit à la sienne; ils ne s'accordent que pour disputer. Je conçus que l'insuffisance de l'esprit humain est la première cause de cette prodigieuse diversité de sentimens, et que l'orgueil est la seconde.

Hélas ! que ne concevait-il, par une juste conséquence, de la nécessité d'une révélation, et de l'horreur qu'on doit avoir des doctrines impies.

Un académicien, un philosophe, mais un vrai philosophe, écrivant autrefois à Voltaire, lui disait :

Un mal effrayant, et peut être irréparable, que la lecture de vos écrits a fait à votre siècle, à votre nation, c'est le coup mortel qu'ils ont porté aux mœurs. Je ne m'arrêterai point sur ce que ce tableau présente de triste et de déplorable ; que l'on considère seulement le funeste effet qu'ont produits ces ouvrages dangereux sur les femmes et sur les jeunes gens. . . . .
. . . .
. . . .

Les jeunes gens à peine échappés du collége, les voilà imbus de votre doctrine. Que ne puis-je, Monsieur, dissimuler les suites funestes où ce premier égarement les précipite. Ils commencent par mépriser les instructions salutaires qu'ils ont reçues ; ils qualifient de pédantisme tout ce qui n'est pas libertinage.

et irréligion ; et bientôt avec la méthode de traiter tout de préjugé, ils se croient et se disent philosophes. Il n'est plus de principe qui les gêne, de morale qui les embarrasse, de frein qui les retienne. Rien n'est ni bien ni mal pour eux; et pourvu qu'ils échappent à la vengeance des lois, leur conscience est en repos sur le reste. On les entend parler des matières les plus graves avec une légèreté qui n'a rien d'égal que leur ignorance. Une raillerie ridicule, de détestables bons mots usés et rebattus sur ce qu'il y a de plus sacré, leur tiennent lieu de raison. S'ils se mêlent de raisonner, c'est avec une confiance, une bonne opinion d'eux-mêmes encore plus ridicule que leurs plaisanteries. Ils se flattent de pénétrer les choses les plus impénétrables, tandis qu'il y en a de plus communes qu'ils ne connaîtront jamais. Ils veulent décider que Dieu n'est pas. Les insensés! savent-ils seulement comment ils existent? Savent-ils comment ils peuvent se mouvoir? Savent-ils par quel pouvoir ils raisonnent et déraisonnent? Ecoutez-les : il annéantissent les cultes, les religions; chacun en établit une à sa guise et veut être législateur; chacun veut nous convertir à son opinion désolante et y met plus de fanatisme que le

dévot le plus outré. Dans ce délire de raisonnemens et d'incrédulité, on veut tout cal-
culer, tout définir, tout connaître, et l'on
parvient à douter des choses les plus sûres ;
à mépriser, à oublier ses devoirs, à éteindre
les lumières de la nature, à étouffer les bons
sentimens de l'éducation, à dessécher le cœur,
à s'embrouiller l'esprit, à perdre toute idée
de mœurs et de vertu ; enfin, on se rend
inutile ou funeste à la société ; on se devient
à soi-même odieux, importun ; on ne voit plus
dans la vie qu'ennuis et dégoûts ; l'on a recours au suicide, devenu si commun, pour
se délivrer du trouble intérieur dont on est
déchiré, et du tourment insurmontable de ne
pouvoir vivre avec soi-même.

De quel œil, Monsieur, voulez-vous qu'on
vous regarde, vous et vos philosophes, si l'on
ne peut attribuer ce mal effroyable qu'à la
licence contagieuse de vos écrits ? Je n'insis-
terai pas davantage sur ces peintures affreuses
du dérèglement qu'une manie d'impiété à
causé dans nos mœurs. Tous les bons esprits
en gémissent. Combien de pères de famille
honnêtes et vertueux, pleurant avec amertume
sur les égaremens et la perversité de leurs
fils, sont en droit d'en accuser la lecture de
vos ouvrages !

Plut au ciel qu'il n'y en eût point qui pût faire crier contre votre philosophie fanatique le sang de quelque malheureux qu'une ivresse d'irréligion a conduit sur l'échafaud ! punition terrible et lamentable d'un vertige de jeunesse et d'une fureur insensée d'incrédulité ! De quels remords devraient être rongés ceux qui doivent imputer à leurs livres de si funestes catastrophes !

DITHYRAMBE

SUR L'ASSASSINAT

DE

S. A. R. LE DUC DE BERRI.

DITHYRAMBE

SUR L'ASSASSINAT

DE

S. A. R. LE DUC DE BERRI.

———

Ouvrez enfin vos yeux, monarques de la terre !
D'une longue indolence il est tems de sortir !
L'heure sonne : entendez les accens du tonnerre !
Il n'attend qu'un signal pour vous anéantir !

Une secte en horreur à la nature entière
Arbore ses drapeaux sanglans :
Déjà sa rage meurtrière
Sape à coups redoublés les trônes chancelans.

Et vous dormez, ô Rois ! suspendu sur l'abîme ,
     Votre navire est loin du port.
     Vous dormez, quand veille le crime !
O Rois ! votre sommeil est celui de la mort :

Réveillez-vous, armés de force et de puissance !
Que le sceptre en vos mains ne soit plus avili !
Que d'insolens tribuns soient réduits au silence ;
Et leur nom trop fameux s'éteindra dans l'oubli !

     Leur éloquence frénétique
Partout de la révolte a soufflé les fureurs.
Des droits des nations effrayans défenseurs,
Ils ont, vingt ans entiers, rêvé la république....
Ils la rêvent toujours.... et leur voix anarchique
Nous vante impunément ses funestes douceurs!

Si du moins, rejetant de honteuses entraves,
Leur âme indépendante eût bravé tous les Rois !
Si ces nouveaux Brutus, indignés d'être esclaves,
N'eussent courbé leur front que sous le joug des lois ;
Mais, lâches meurtriers d'un prince débonnaire,
D'un Corse despotique on les vit courtisans :
     Jadis, du farouche Tibère
     Ils auraient été les Séjans !

Les monstres ! loin de nous bannis par la clémence
Ils reparaissent menaçans ;
Ils osent, proclamant leur hideuse innocence,
Faire encor retentir la France
De leurs régicides accens !

Français, malheur à vous, malheur à la patrie !
Le ciel, en traits sanglans, dévoile leurs desseins,
Ecoutez sa voix qui vous crie :
Bourbons, malheur à vous, voilà vos assassins !

Que vois-je ? un forcené.... dans ses mains le fer brill
Misérable, où t'emporte une horrible fureur ?....
Du meilleur de nos Rois, déplorable famille,
Tu n'as pas épuisé la coupe du malheur !

Pleure à jamais, cité funeste !
Tes destins sont remplis : verse des pleurs de sang ;
D'une race sacrée ils ont proscrit le reste !
Du dernier des Bourbons, ils ont percé le flanc !
Pleure, princesse infortunée,
L'époux qui faisait ton bonheur !
Naguères, de fleurs couronnée,
Tu vins, sur le char d'Hyménée,
Comme un ange consolateur.

Ivre de joie et d'espérance,
Oubliant tout, un peuple immense
Se précipitait sur tes pas :
Tu quittais ta douce patrie,
Mais, de tant d'amour attendrie,
Ton cœur ne la regrettait pas.

O forfait! un seul jour change ta destinée!
A d'éternels regrets un jour t'a condamnée;
Et la France avec toi partage ta douleur!
Pleure, princesse infortunée,
L'époux qui faisait ton bonheur!

Et c'est chez les Français qu'un prince magnanime
Devait trouver la mort, pour payer ses bienfaits!
Digne de ses ayeux, la royale victime
Tombe sous les coups d'un Français!

Ah! du moins, disait-il sur son lit funéraire :
Mourant au champ d'honneur, je mourrais sansreg
Mais un lâche attentat me ravit la lumière!
Je meurs sous les coups d'un Français!

Ainsi périt Henri. Vainqueur dans les batailles,
Il conquit son royaume et lui donna la paix :
Le héros, dont le bras força tant de murailles,
Tomba sous les coups d'un Français.

Ils ne sont pas Français, les monstres sanguinaires ;
La France les nie, et de larmes amères
    Tous les yeux sont remplis.
La France est désolée : au prix d'un sang fidèle,
    Hélas ! que ne peut-elle
Rappeler de la tombe un rejeton des lys !

O regrets impuissans ! ô désespoir stérile !
Nos vœux, nos cris plaintifs ne sont pas entendus !
Celui que nous pleurons, de sa couche immobile
    Ne se lèvera plus !

Et vous dormez, ô Rois, quand d'infâmes doctrines
Font dans tous les esprits germer l'assassinat !
Vous dormez, quand l'athée, artisan de ruines,
Insulte Dieu lui-même et l'appèle au combat !

Réveillez-vous enfin ! l'avenir vous implore !
Le volcan a fumé.... redoutez son courroux !
L'assassin d'un Bourbon peut vous atteindre encore :
Son poignard étincelle.... il vous menace tous !

Trop long-tems sous le joug, les nations tremblantes
Dans les maîtres du monde ont vu des oppresseurs ;
    Aujourd'hui, leurs mains suppliantes
    Vous reconnaissent pour vengeurs !

Voulez-vous vivre dans l'histoire ?
Voulez-vous conquérir une immortelle gloire ?
Tous les chemins vous sont ouverts.
Qu'une volonté ferme à vos conseils préside ;
Que l'athéisme impur rentre dans les enfers ;
Dissipez sans retour une horde homicide,
Et sur ses fondemens replacez l'univers !

Et toi, Monarque vénérable,
Privé d'un fils chéri, l'espoir de tes vieux ans,
Suspend la douleur qui t'accable ;
Songe que les Français sont aussi tes enfans !
A de vils ennemis montre enfin ta puissance ;
Perce de leurs complots la ténébreuse horreur ?
Attendras-tu que leur fureur
Ait jusque dans son père assassiné la France ?
Le trône est ménacé.... tu dois le protéger.
Grand Roi, que ta justice éloigne le danger,
Et tu pourras ensuite écouter ta clémence !

Pézenas de Momtbrison,
Correspondant de la Société académique
des sciences de Paris, des Académies de
Lyon, de Marseille, etc.

IMPRIMERIE DE STAHL.